HÁBITATS SUBTERRÁNEOS

Introducción a los hábitats

Molly Aloian y Bobbie Kalman

Crabtree Publishing Company

www.crabtreebooks.com

Creado por Bobbie Kalman

Dedicado por Molly Aloian
Para Allison y Connor Watson, dos de los niños más brillantes que conozco.

Editora en jefe
Bobbie Kalman

Equipo de redacción
Molly Aloian
Bobbie Kalman

Editora de contenido
Kathryn Smithyman

Editores
Michael Hodge
Kelley MacAulay

Diseño
Margaret Amy Salter
Samantha Crabtree
(portada y logotipo de la serie)

Coordinación de producción
Heather Fitzpatrick

Investigación fotográfica
Crystal Foxton

Consultor lingüístico
Dr. Carlos García, M.D., Maestro
bilingüe de Ciencias, Estudios
Sociales y Matemáticas

Agradecimiento especial a
Jack Pickett y Karen Van Atte

Ilustraciones
Barbara Bedell: páginas 14 y 32 (partes superior e inferior derecha)
Katherine Kantor: página 20
Bonna Rouse: páginas 6, 10
Margaret Amy Salter: páginas 13, 15 y 32 (parte inferior izquierda)

Fotografías
Animals Animals - Earth Scenes: © Dragesco-Joffe, Alain: página 24;
    © Pryor, Maresa: página 29; © Schwartz, C.W.: página 27;
    © Whitehead, Fred: página 25; © Wilkinson, Ernest: página 30
Bruce Coleman Inc.: Gary Zahm: página 22
iStockphoto.com: Loic Bernard: página 6; Bruce MacQueen: página 4
Bobbie Kalman: página 15 (parte central izquierda)
© Mike Potts/naturepl.com: página 26
Photo Researchers, Inc.: Jacana: página 28; Tom McHugh: página 9;
    Anthony Mercieca: página 19 (parte superior); Rod Planck: páginas 7, 8
© ShutterStock.com/Jackie Foster: página 3
Visuals Unlimited: Joe McDonald: página 19 (parte inferior); Jim Merli: página 31;
    M.J. O'Riain & J. Jarvis: página 17; Michael Redmer: página 14
© Rich Wagner/WildNaturePhotos: página 16
Otras imágenes de Corbis, Corel, Digital Stock, Digital Vision,
    Otto Rogge Photography, Photodisc y TongRo Image Stock

Traducción
Servicios de traducción al español y de composición de textos suministrados por translations.com

Library and Archives Canada Cataloguing in Publication

Aloian, Molly
    Hábitats subterráneos / Molly Aloian y Bobbie Kalman.
(Introducción a los hábitats)
Translation of: Underground Habitats.
Includes index.
ISBN 978-0-7787-8331-2 (bound)
ISBN 978-0-7787-8355-8 (pbk.)

    1. Underground ecology--Juvenile literature. 2. Burrowing animals--
Juvenile literature. I. Kalman, Bobbie, 1947- II. Title. III. Series.

QH541.5.U55A4618 2007   j591.56'48   C2007-900443-1

Library of Congress Cataloging-in-Publication Data

Aloian, Molly.
    [Underground Habitats. Spanish]
    Hábitats subterráneos / Molly Aloian y Bobbie Kalman.
        p. cm. -- (Introducción a los hábitats)
    ISBN-13: 978-0-7787-8331-2 (rlb)
    ISBN-10: 0-7787-8331-6 (rlb)
    ISBN-13: 978-0-7787-8355-8 (pb)
    ISBN-10: 0-7787-8355-3 (pb)

    1. Burrowing animals--Juvenile literature. 2. Underground
ecology--Juvenile literature. I. Kalman, Bobbie. II. Title. III. Series.

QL756.15A4618 2007   591.56'48--dc22   2007002055

Crabtree Publishing Company

www.crabtreebooks.com   1-800-387-7650

Publicado en Canadá
Crabtree Publishing
616 Welland Ave.
St. Catharines, ON
L2M 5V6

Publicado en los Estados Unidos
Crabtree Publishing
PMB16A
350 Fifth Ave., Suite 3308
New York, NY 10118

Publicado en el Reino Unido
Crabtree Publishing
White Cross Mills
High Town, Lancaster
LA1 4XS

Publicado en Australia
Crabtree Publishing
386 Mt. Alexander Rd.
Ascot Vale (Melbourne)
VIC 3032

Contenido

¿Qué es un hábitat? 4

Todo lo que necesitan 6

Sucio y oscuro 8

Raíces en el suelo 10

Producción de alimento 12

Animales subterráneos 14

¡A cavar! 16

Encontrar alimento 18

Obtener energía 20

Hogares subterráneos 22

Mantenerse frescos 24

Mantenerse calientes 26

Medidas de protección 28

Tener crías 30

Palabras para saber e índice 32

¿Qué es un hábitat?

Un **hábitat** es un lugar de la naturaleza. Las plantas viven en hábitats y los animales también. Algunos animales hacen un hogar en su hábitat.

Seres vivos e inertes

En los hábitats hay **seres vivos**,
como las plantas y los animales.
También hay **seres inertes** como
las rocas, el agua y la tierra.

Todo lo que necesitan

Las plantas y los animales necesitan aire, agua y alimento para sobrevivir. En su hábitat encuentran todo lo que necesitan. Esta marmota encontró una planta para comer en su hábitat.

Hogares en los hábitats

Algunos animales hacen un hogar en su hábitat. Este conejo castellano del desierto hizo un hogar en su hábitat. Su hogar está dentro de un agujero bajo la tierra.

Sucio y oscuro

Algunos animales viven en hábitats subterráneos.
Los hábitats subterráneos son lugares sucios, llenos de
tierra, rocas y arena. Este topo de nariz estrellada vive
en un hábitat subterráneo. Trocitos de tierra y arena se
pegan al cuerpo de los animales subterráneos.

¡Apaguen las luces!

Los hábitats subterráneos son oscuros porque la luz del sol no entra bajo la tierra. Esta rata canguro vive en un oscuro hábitat subterráneo. Tiene ojos grandes que le permiten ver en la oscuridad.

Raíces en el suelo

Las **raíces** crecen en el suelo bajo la tierra. Las raíces son las partes de las plantas que les sirven para sostenerse y tomar el agua del suelo. Las plantas necesitan agua para sobrevivir. Las raíces de esta caléndula crecen en el suelo.

raíces

Hojas por encima de la tierra

Estas pequeñas plantas tienen raíces diminutas. Las raíces crecen bajo la tierra. Las plantas también tienen tallos y hojas pequeñas que crecen por encima de la tierra. Las raíces, los tallos y las hojas serán más grandes cuando la planta crezca.

hoja

tallo

Producción de alimento

Los seres vivos necesitan alimento para sobrevivir. Las plantas producen su propio alimento a partir de la luz del sol, el aire y el agua. Este proceso se llama **fotosíntesis**.

El alimento de las plantas

Las plantas toman la luz del sol a través de las hojas. También toman el aire por las hojas. Absorben agua a través de las raíces. Usan la luz solar, el aire y el agua para producir alimento.

Las hojas toman el aire.

Las hojas toman la luz del sol.

Las raíces toman el agua de la tierra.

Animales subterráneos

Muchos animales viven en hábitats subterráneos. En esta página se muestran animales que viven en hábitats subterráneos. Sus cuerpos están adaptados para vivir debajo de la tierra.

El conejo tiene patas fuertes. Las usa para cavar su hogar bajo la tierra.

Este sapo de las planicies usa las dos patas traseras para cavar en la arena o en la tierra.

La lombriz de tierra encuentra plantas y animales diminutos para comer bajo la tierra.

Las hormigas viven debajo de la tierra para esconderse de los animales que se las comen.

Las avispas amarillas viven en hogares subterráneos que se llaman **nidos**. Hacen sus nidos con partes de plantas.

El perrito de las praderas tiene garras afiladas que le sirven para cavar.

Cuando el suricato tiene mucho calor, se mete bajo tierra para refrescarse.

15

¡A cavar!

Muchos animales que viven debajo de la tierra son buenos cavadores. Tienen patas y garras fuertes con las que cavan en la tierra y en la arena. Este sapo de espuelas está usando las patas traseras para cavar en la tierra.

Dientes para cavar

Algunos animales que viven bajo la
tierra tienen dientes largos y fuertes
que usan para cavar. Esta rata topo
desnuda está cavando con los dientes.
Los labios del animal se cierran detrás
de los dientes, de modo que la tierra no
le entra en la boca.

Encontrar alimento

Los animales deben comer para sobrevivir.
Algunos buscan el alimento bajo la tierra
y otros lo buscan en la superficie. Unos
comen plantas y se llaman **herbívoros**.
Esta tortuga del desierto es herbívora.
Come hojas, hierbas y cortezas de árbol.

Comer animales

Algunos animales son **carnívoros**. Se comen a otros animales. Esta lechuza llanera es carnívora. Atrapó un ratón para comérselo.

Comer de todo

Otros animales son **omnívoros**. Comen tanto plantas como animales. Este armadillo de nueve bandas es omnívoro. Come frutas e insectos.

Obtener energía

Todos los seres vivos necesitan **energía** para crecer y moverse. La energía viene del sol. Las plantas obtienen energía del sol. Los animales no pueden obtener energía del sol. La obtienen al comerse a otros seres vivos. El perrito de las praderas es herbívoro. Obtiene energía comiendo hierbas.

sol

hierba

perrito de las praderas

Comer animales

Los carnívoros obtienen energía al comerse a otros animales. Este tejón es carnívoro. Obtiene energía al comerse a un perrito de las praderas.

tejón

Hogares subterráneos

Cada tipo de animal subterráneo hace un hogar distinto. Muchos animales cavan agujeros o túneles llamados **madrigueras**. Este cangrejo de río vive en una madriguera. Otros cavan agujeros llamados **guaridas**. Los tejones hacen hogares subterráneos llamados **tejoneras**. Los hogares de los conejos se llaman **conejeras**.

Miembros de un grupo

Algunos animales viven solos en sus hogares subterráneos. Otros viven en grupos. Este grupo de suricatos vive en una madriguera.

Mantenerse frescos

Algunos animales viven en lugares
del mundo que tienen clima caluroso.
Muchos de estos animales viven bajo
la tierra para mantenerse frescos. Este
jerbo del desierto vive en un desierto
caluroso. Está cavando un hogar
subterráneo en el cual estará fresco.

Noches frescas

En algunas partes del mundo hace mucho calor durante el día. Por la noche es más fresco. Algunos animales se quedan bajo la tierra durante el día y salen sólo de noche, cuando es más fresco. Este armadillo de nueve bandas está saliendo de su hogar por la noche.

Mantenerse calientes

En algunas partes del mundo hace mucho frío. Soplan vientos fríos y la nieve cubre el suelo. Algunos animales hacen túneles bajo la nieve. Los animales se mantienen calientes dentro de los túneles. Este lemming sale de su túnel tibio para buscar alimento.

Hacia abajo

El clima del invierno es demasiado frío para esta tortuga caja. Antes de que el invierno comience, la tortuga cava una madriguera debajo de la tierra y se duerme en ella. Al dormir bajo tierra, la tortuga se mantiene abrigada. Cuando el clima se vuelve más cálido en primavera, la tortuga se despierta y sale de la tierra nuevamente.

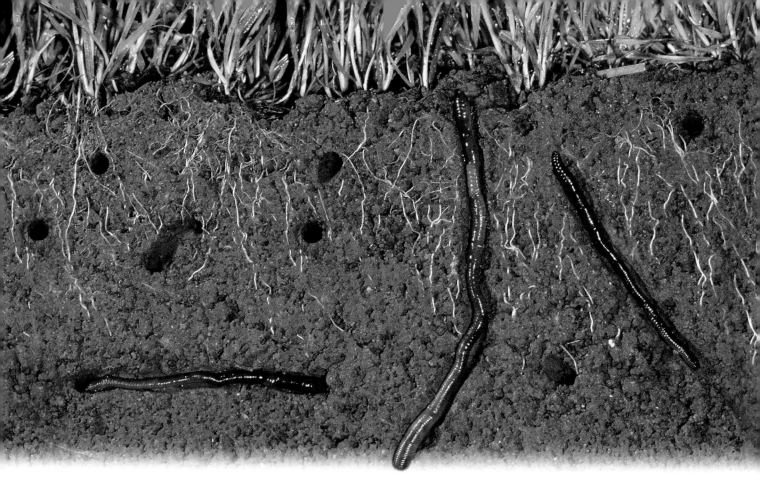

Medidas de protección

Los animales que viven en hábitats subterráneos se protegen de los animales que quieren comérselos al ocultarse en la tierra. Estas lombrices están protegidas porque están escondidas en la tierra.

Lugares seguros

Los animales subterráneos a veces salen a la superficie. Cuando otros animales se les acercan demasiado, los animales subterráneos vuelven de un salto a sus hogares bajo tierra. Esta rata canguro está entrando de un salto en su madriguera.

Tener crías

Algunos animales subterráneos tienen
crías en sus hogares. Allí las crías están
protegidas. Esta hembra tejón y sus
crías están en su madriguera. Las crías
de tejones se llaman **cachorros**.

Allá abajo

Esta serpiente toro hizo una madriguera bajo la tierra y puso huevos. Algunos animales comen huevos de serpiente. Estos animales no podrán encontrar los huevos en la madriguera. De los huevos saldrán crías de serpiente.

Palabras para saber e índice

alimento (el)
páginas 6, 12, 13, 18, 26

animales (los)
páginas 4, 5, 6, 8, 14-15, 16, 17, 18, 19, 20, 21, 22, 23, 24, 25, 26, 28, 29, 30, 31

cavar
páginas 14, 15, 16, 17, 22, 24

energía (la)
páginas 20, 21

hábitats (los)
páginas 4, 5, 6, 7, 8, 9, 14, 28

hogares (los)
páginas 4, 7, 14, 15, 22, 23, 24, 29, 30

Otras palabras del índice

carnívoros 19, 21

cuerpo 14

fotosíntesis 12

herbívoros 18, 20

omnívoros 19

seres inertes 5

seres vivos 5, 12, 20

madrigueras (las)
páginas 22, 23, 27, 29, 30, 31

plantas (las)
páginas 4, 5, 6, 10, 11, 12, 13, 14, 15, 18, 19, 20

Impreso en Canadá